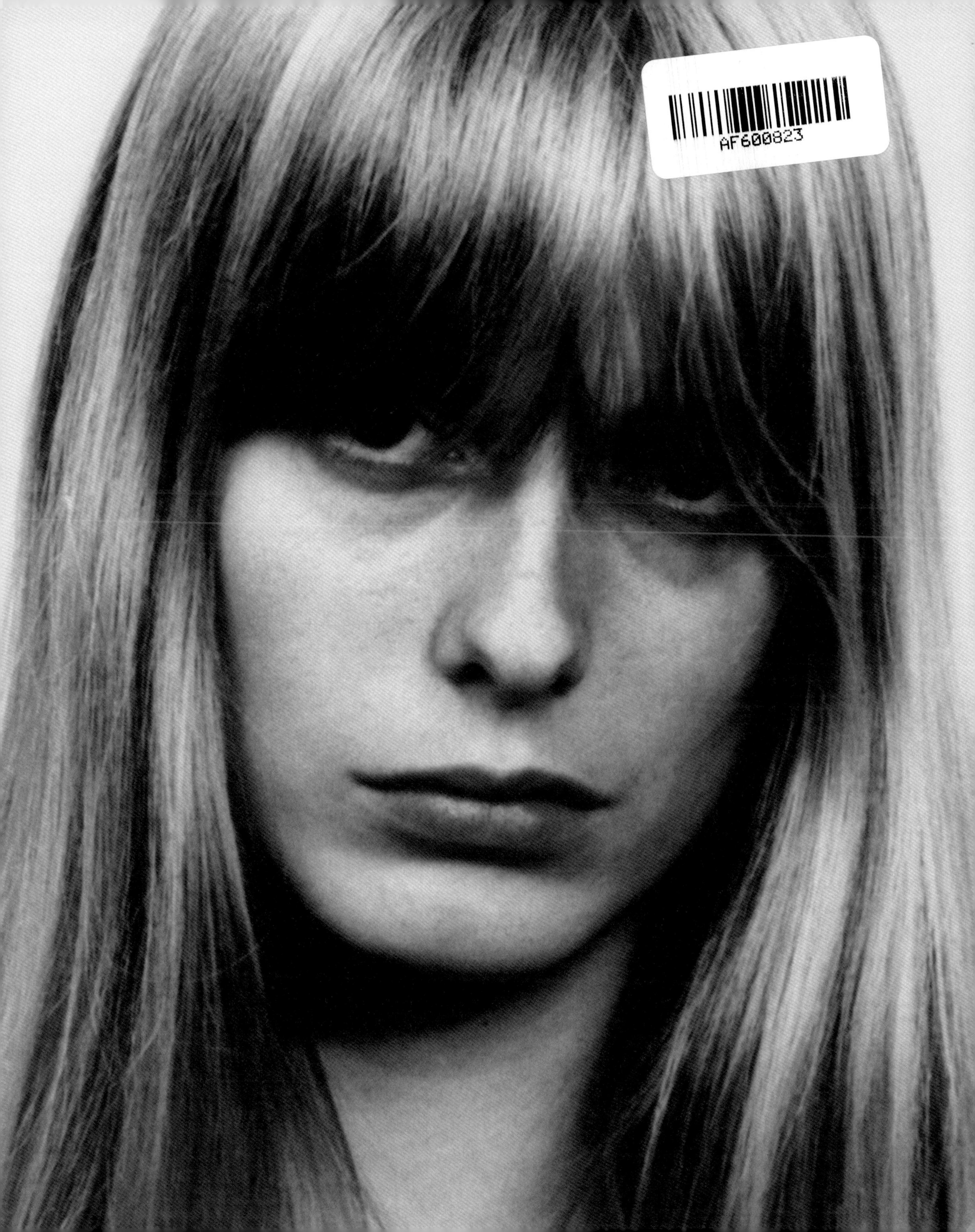

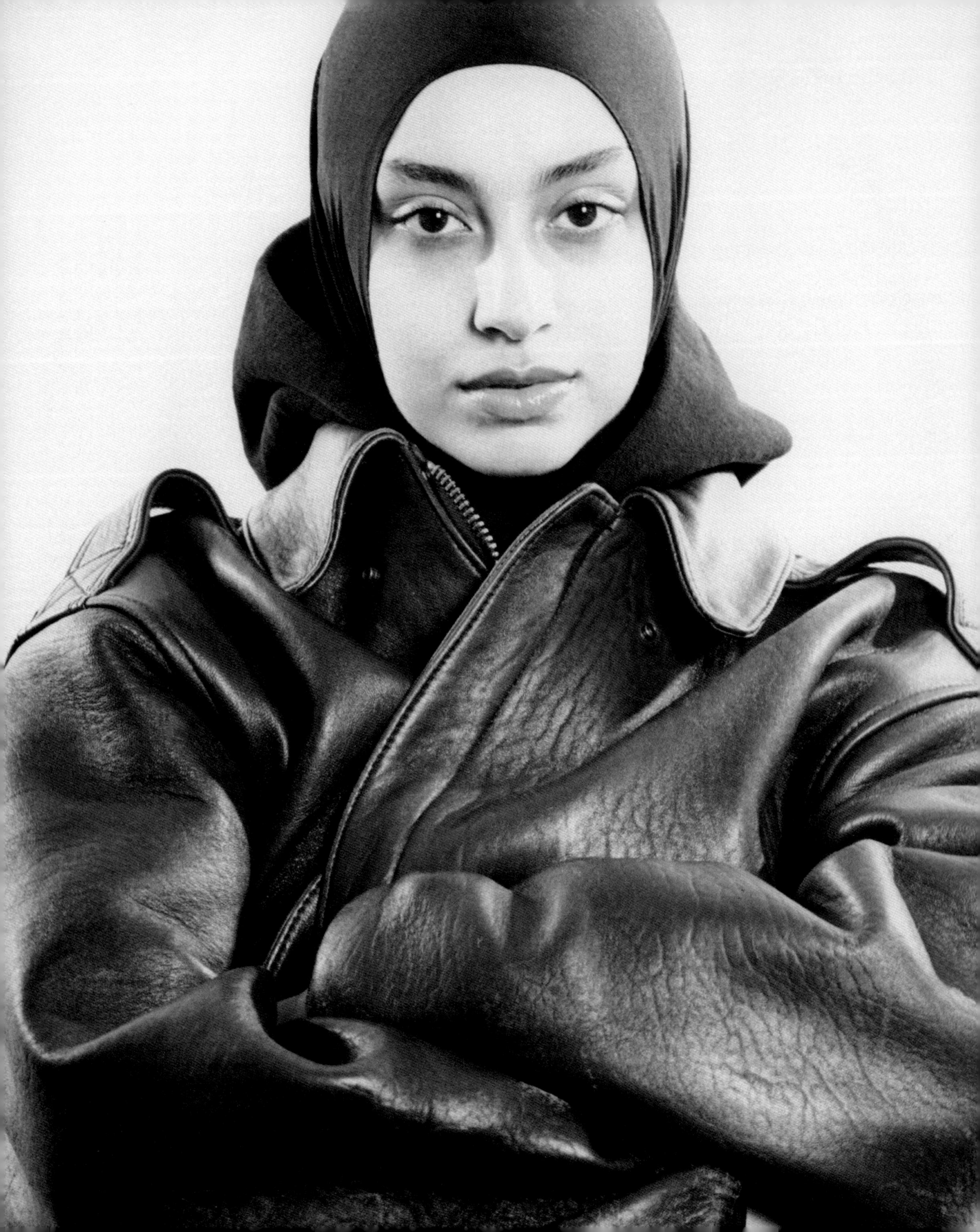

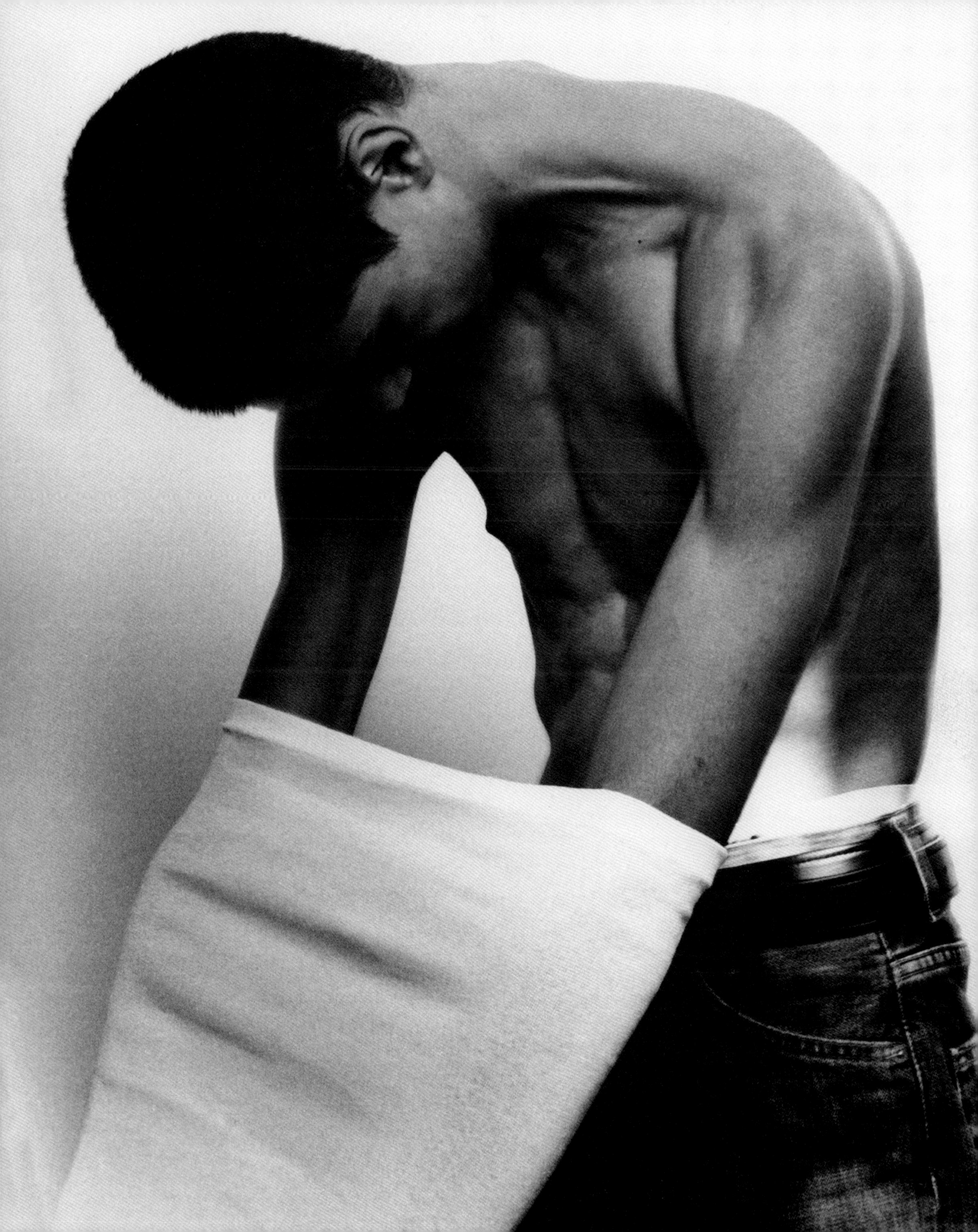

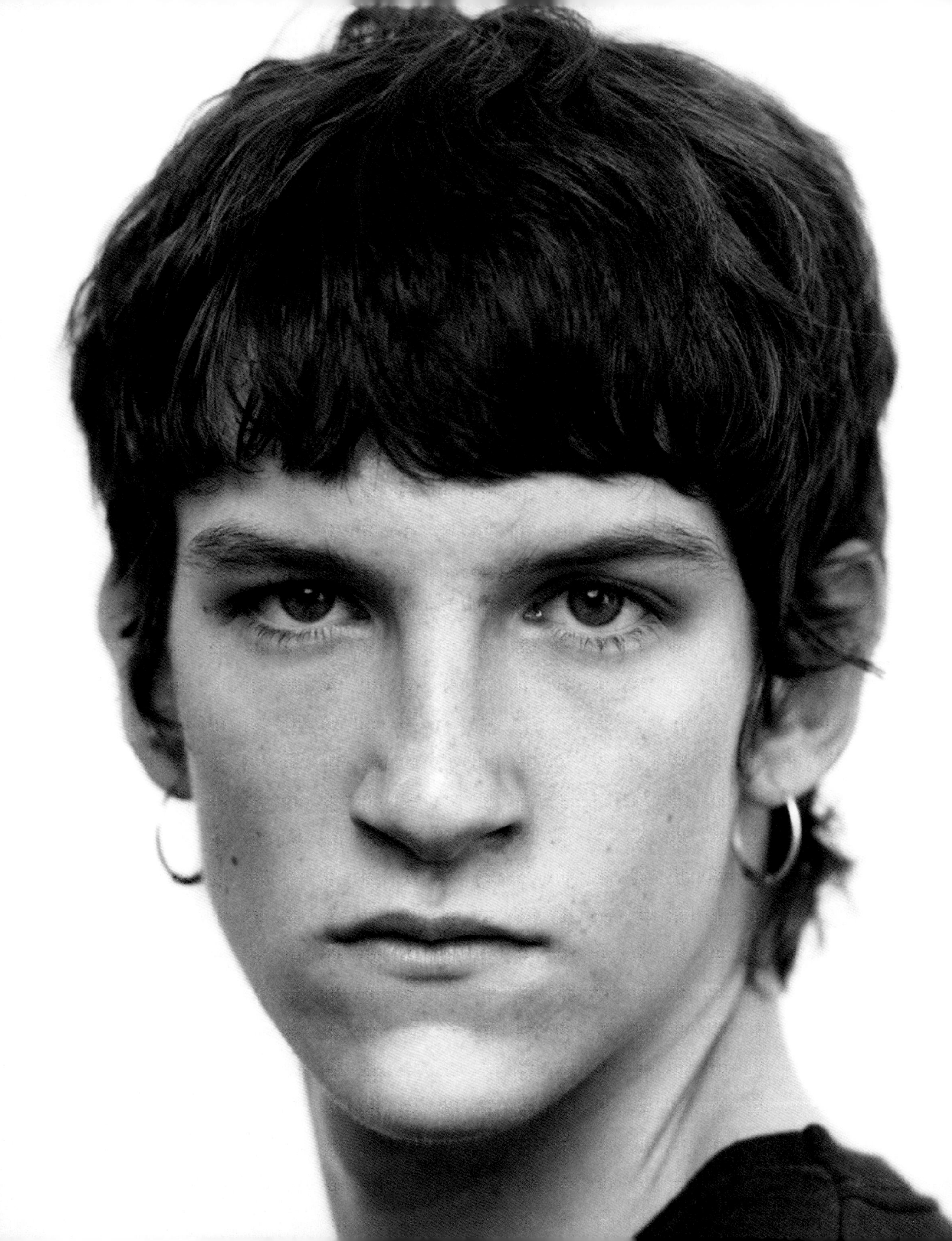

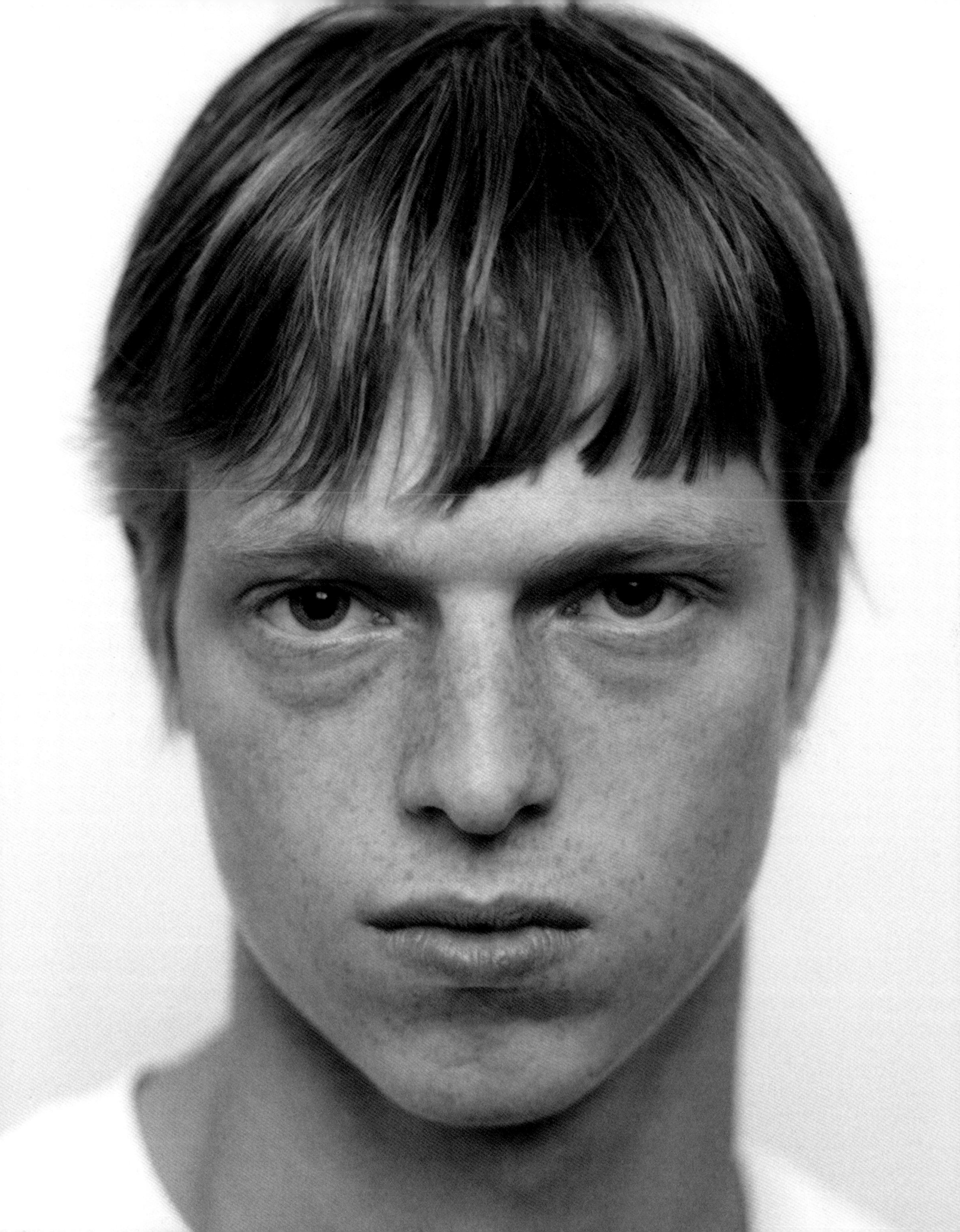

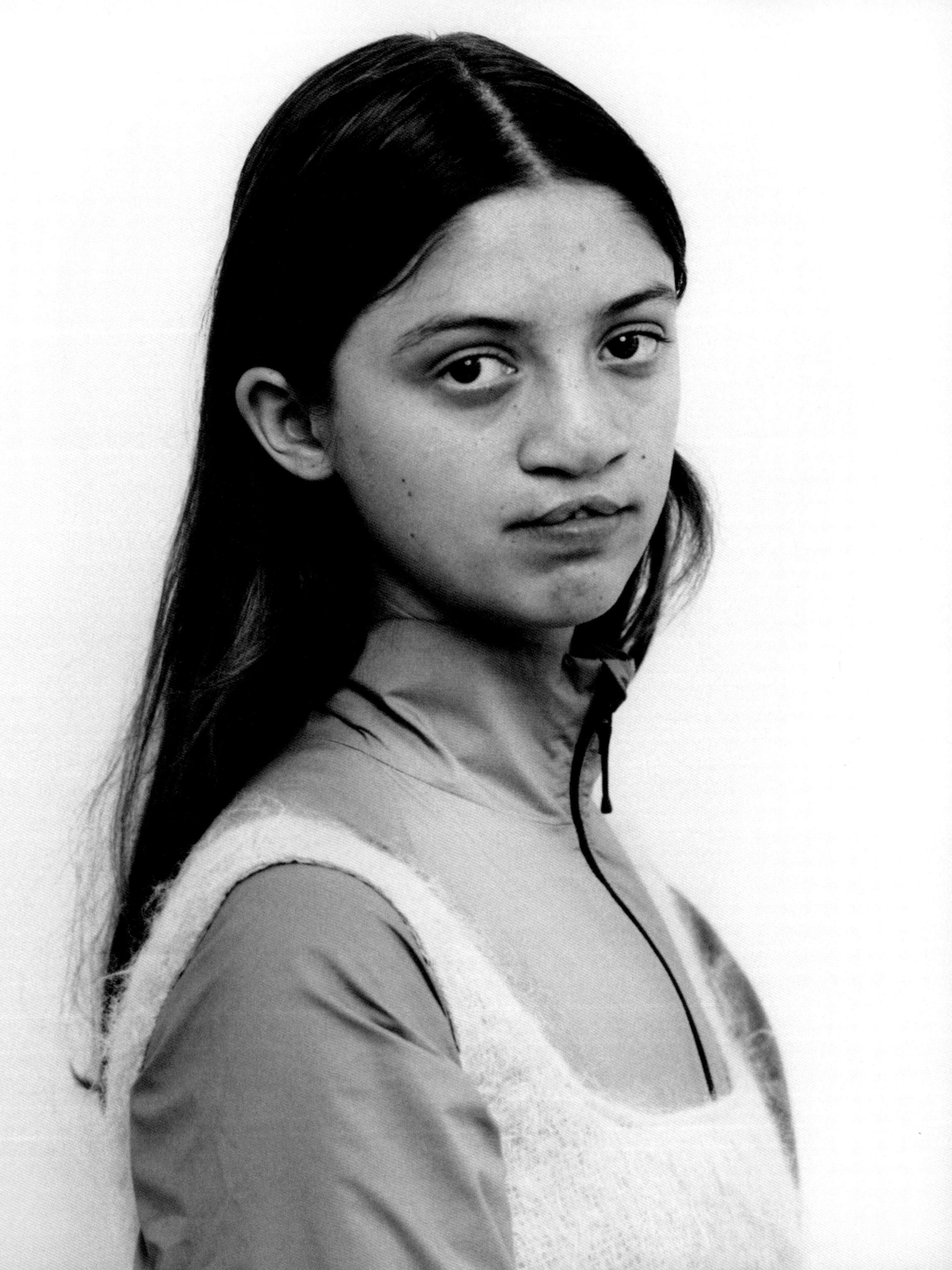

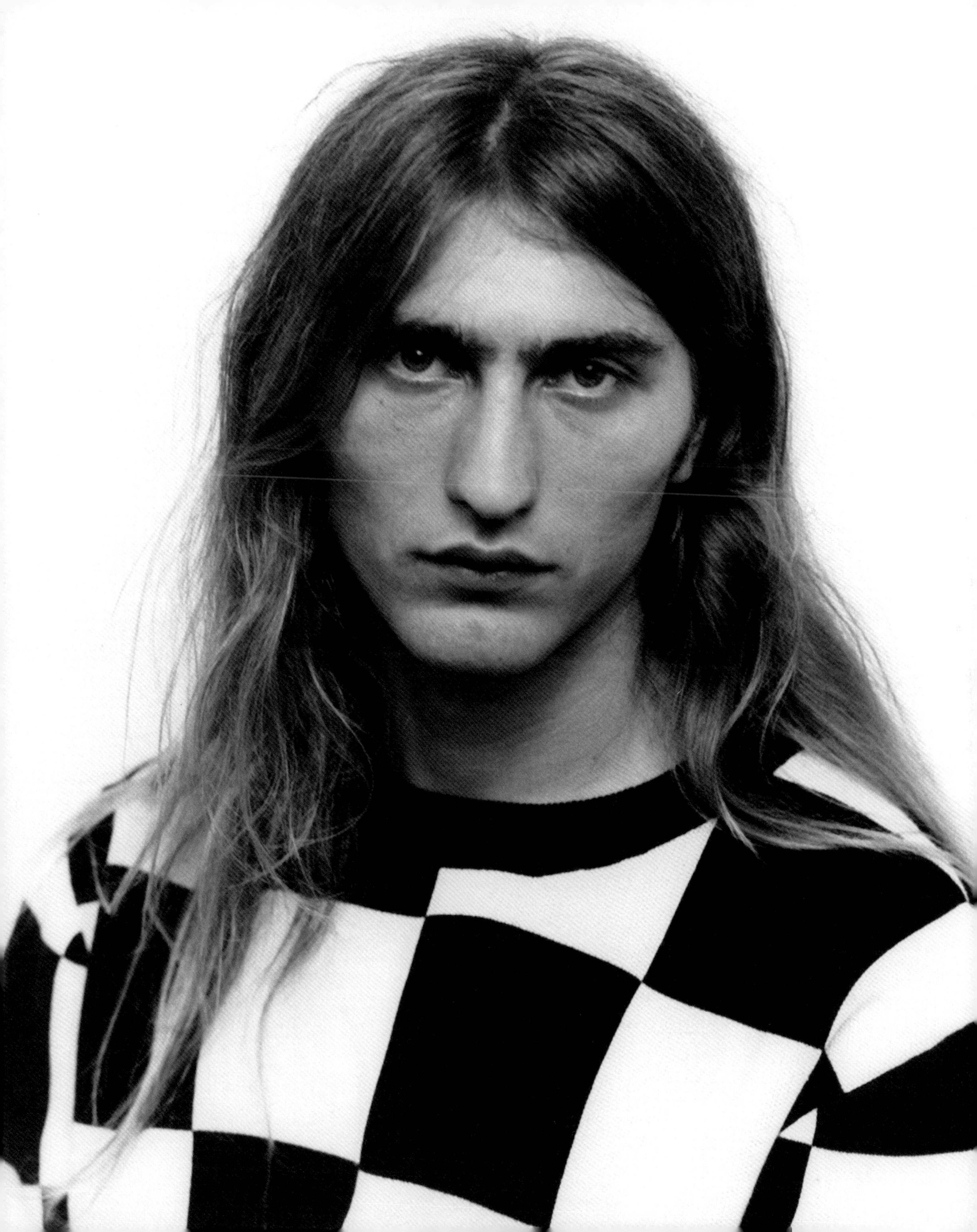

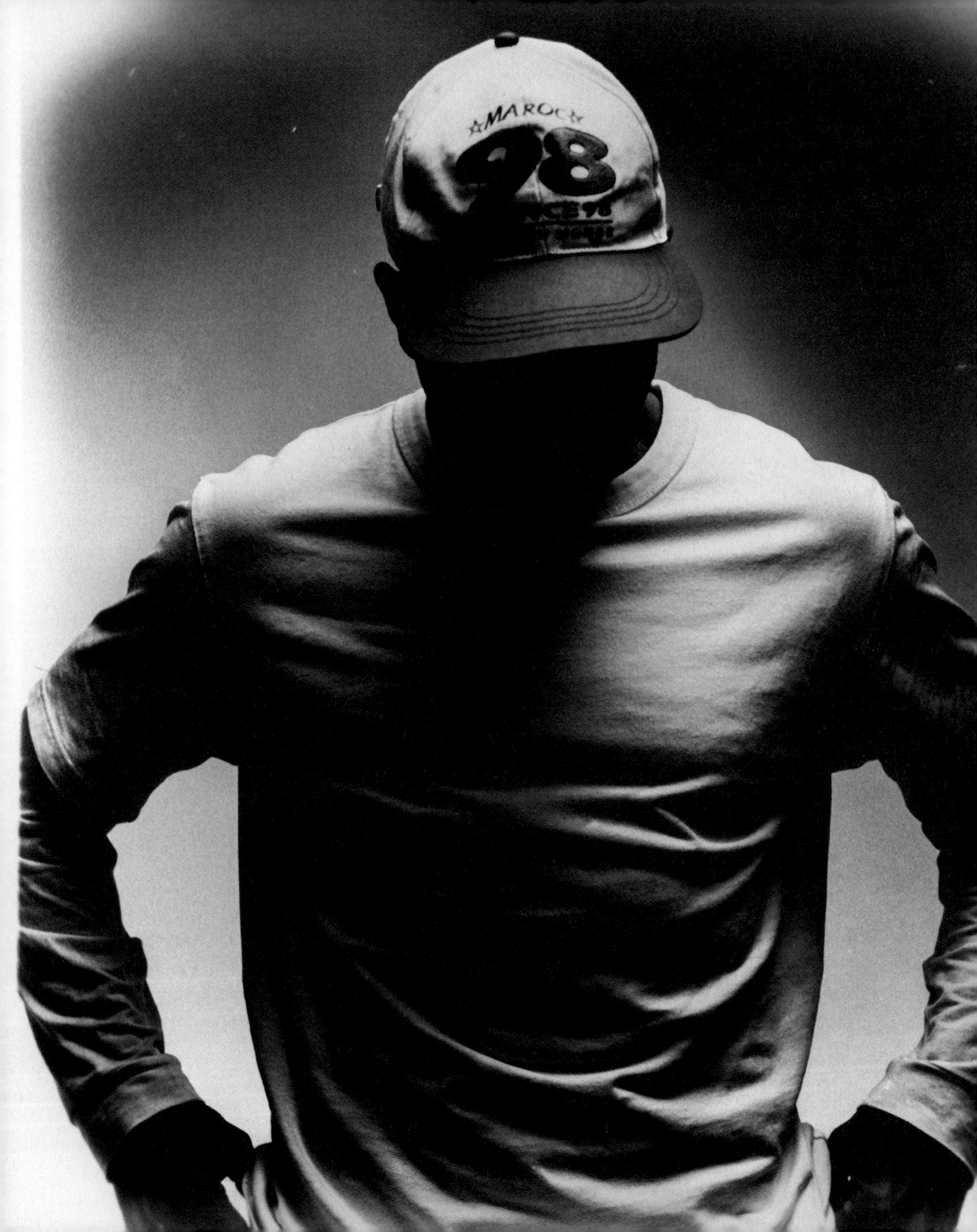
MAROC
98

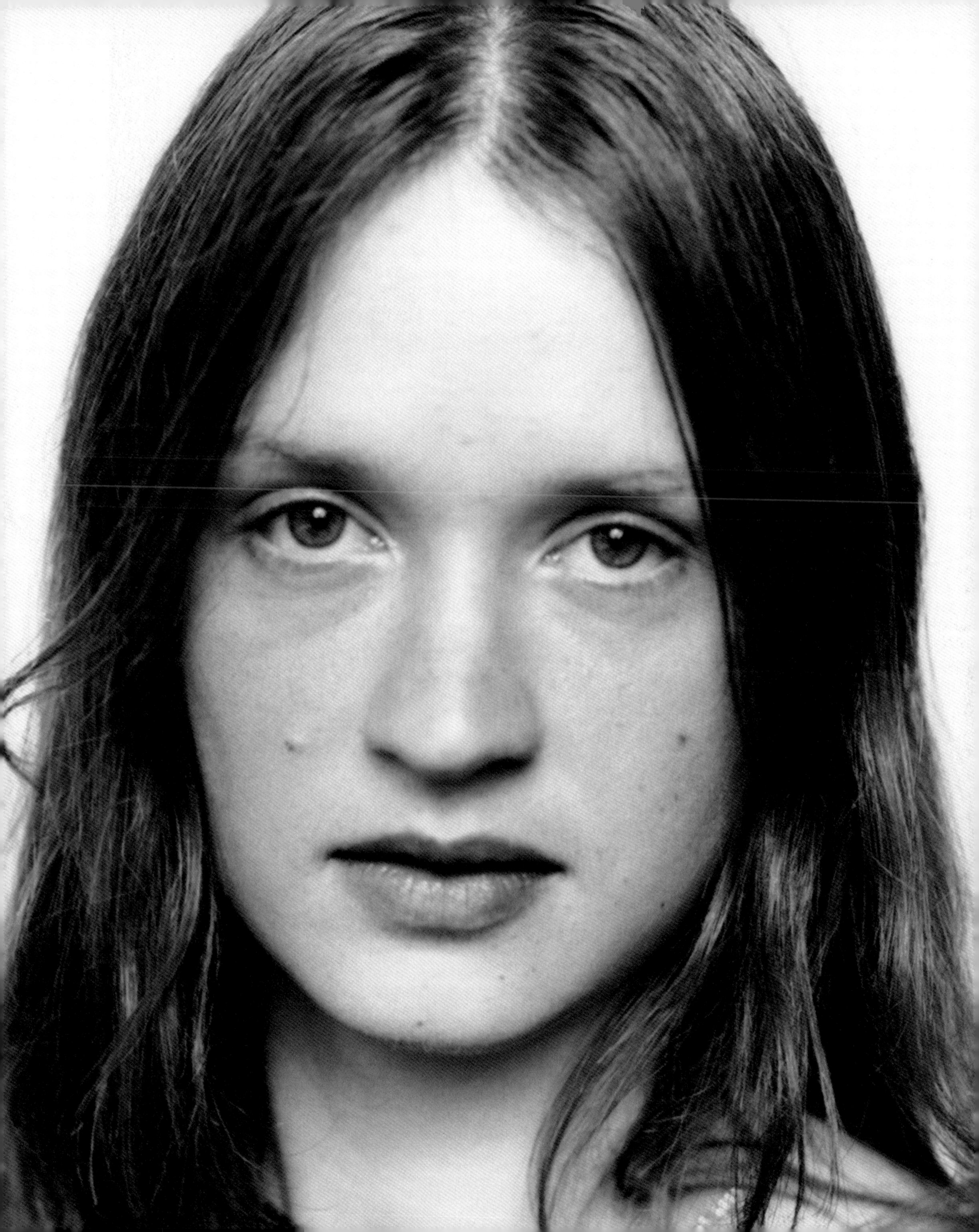

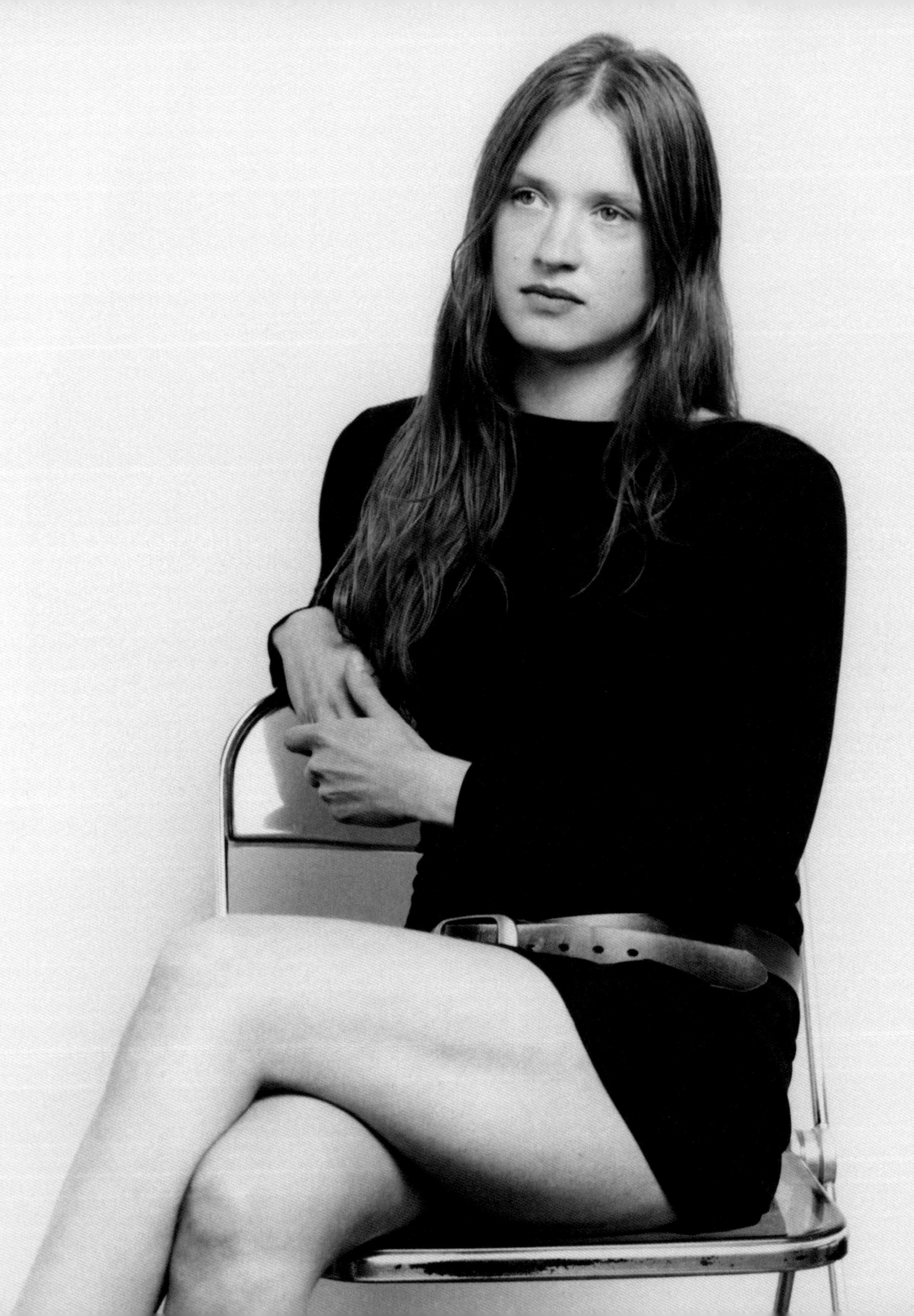

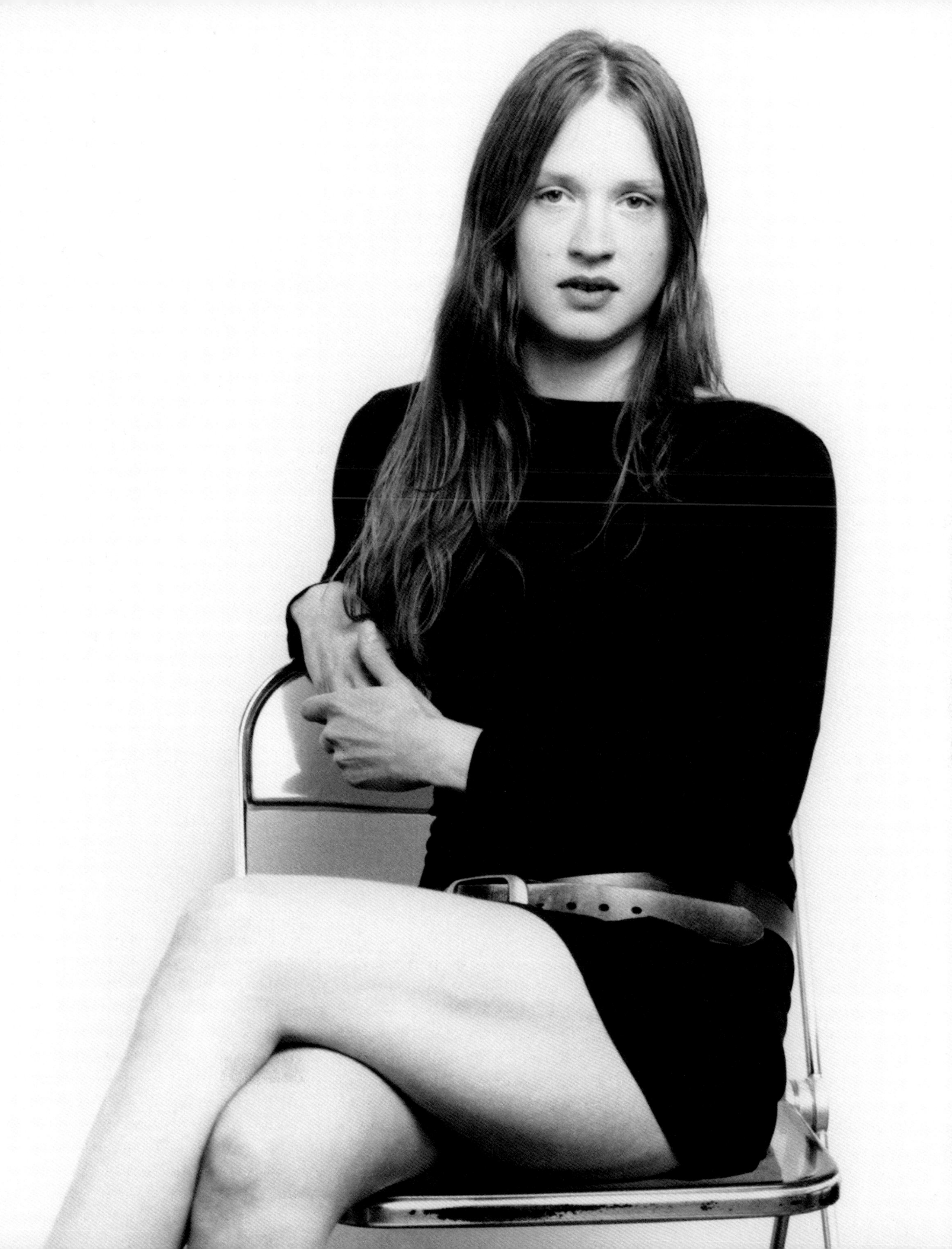

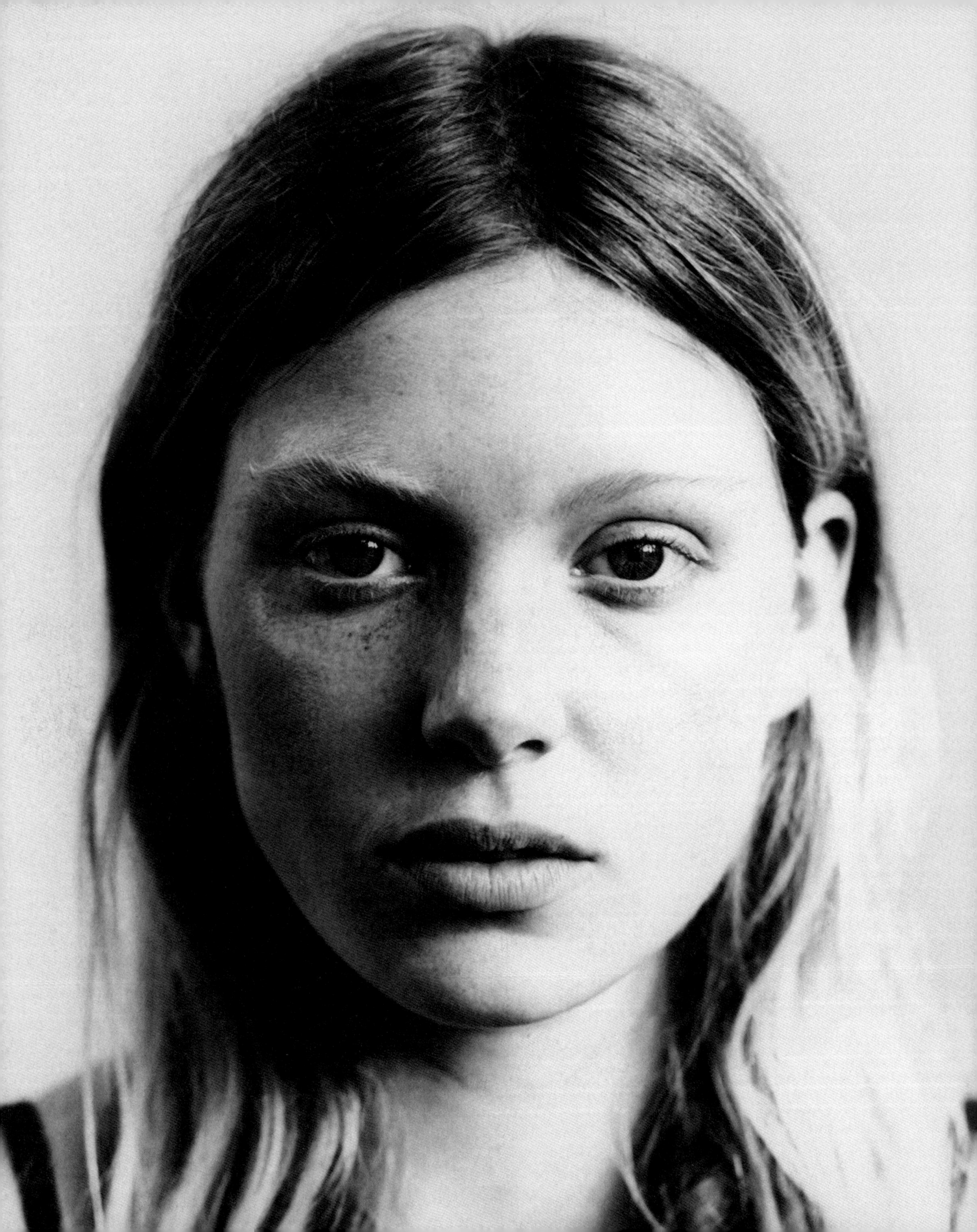

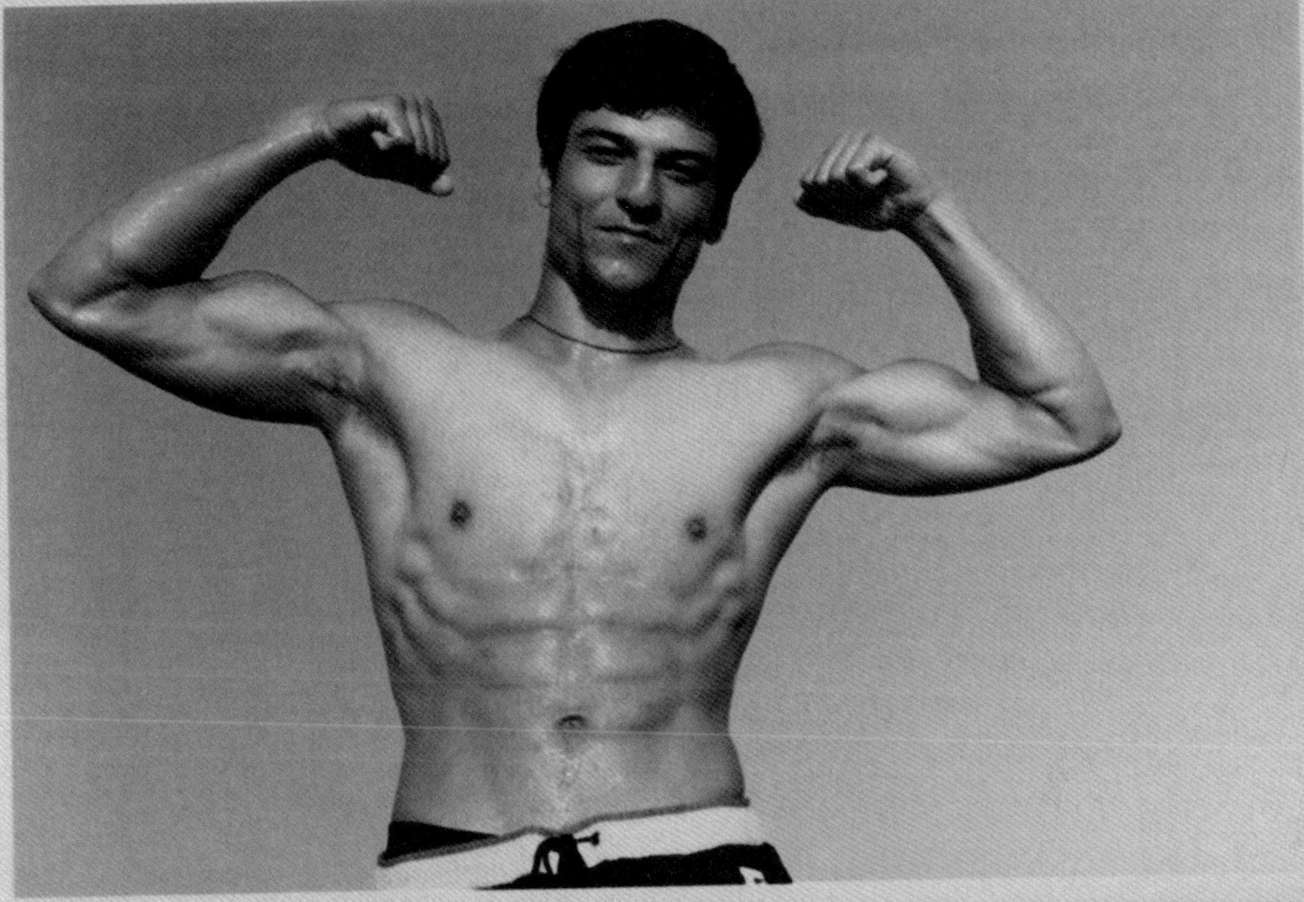

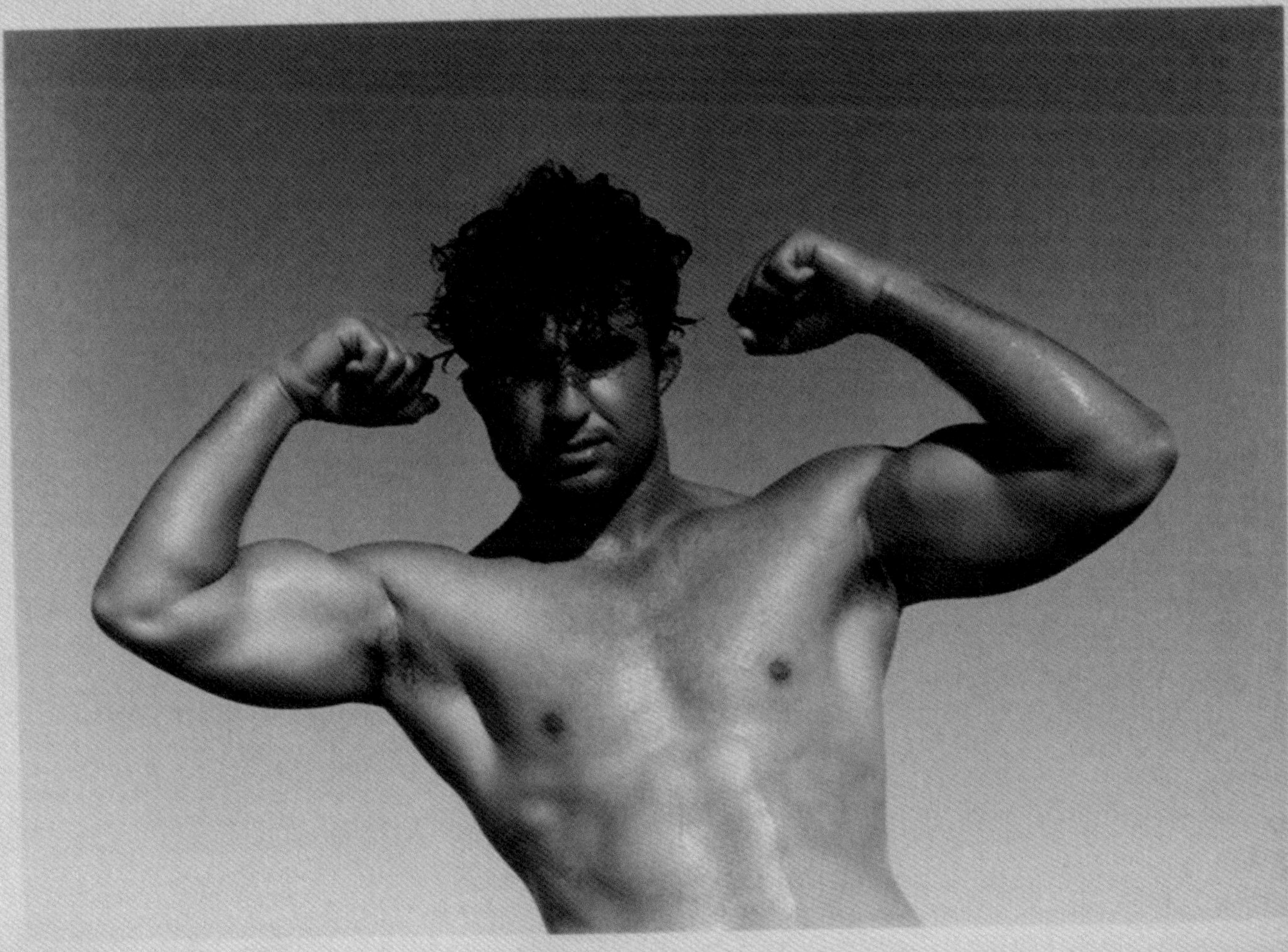

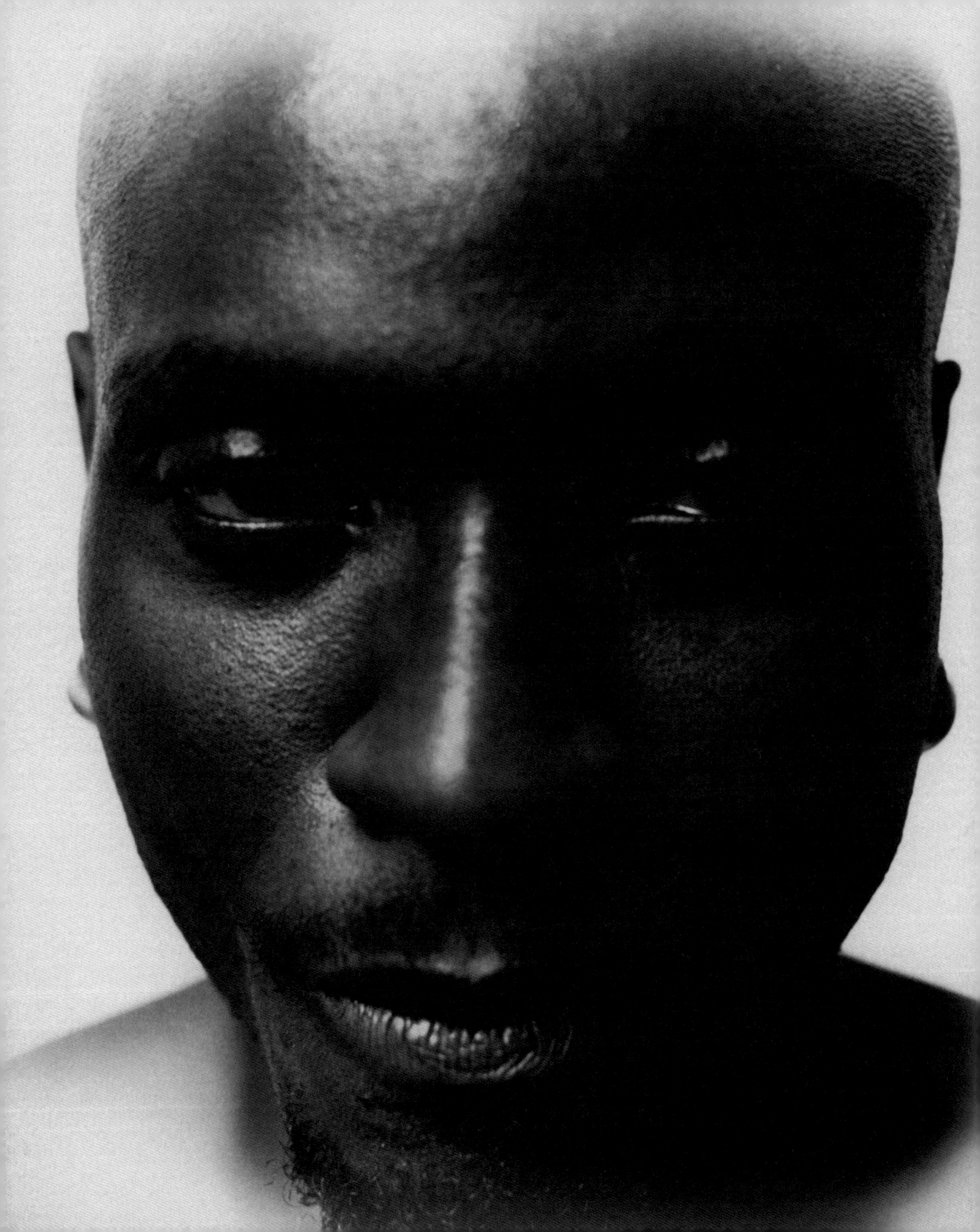

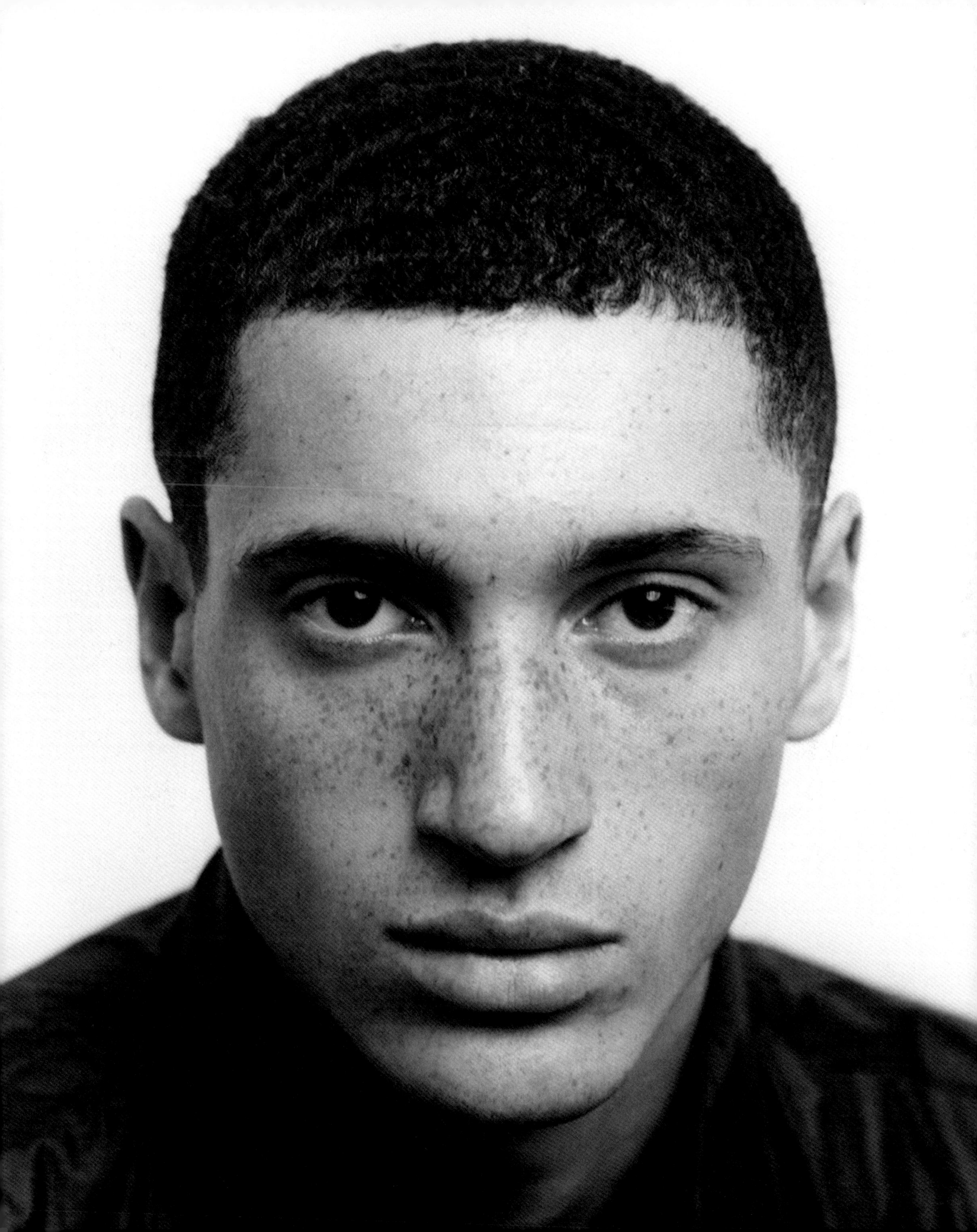

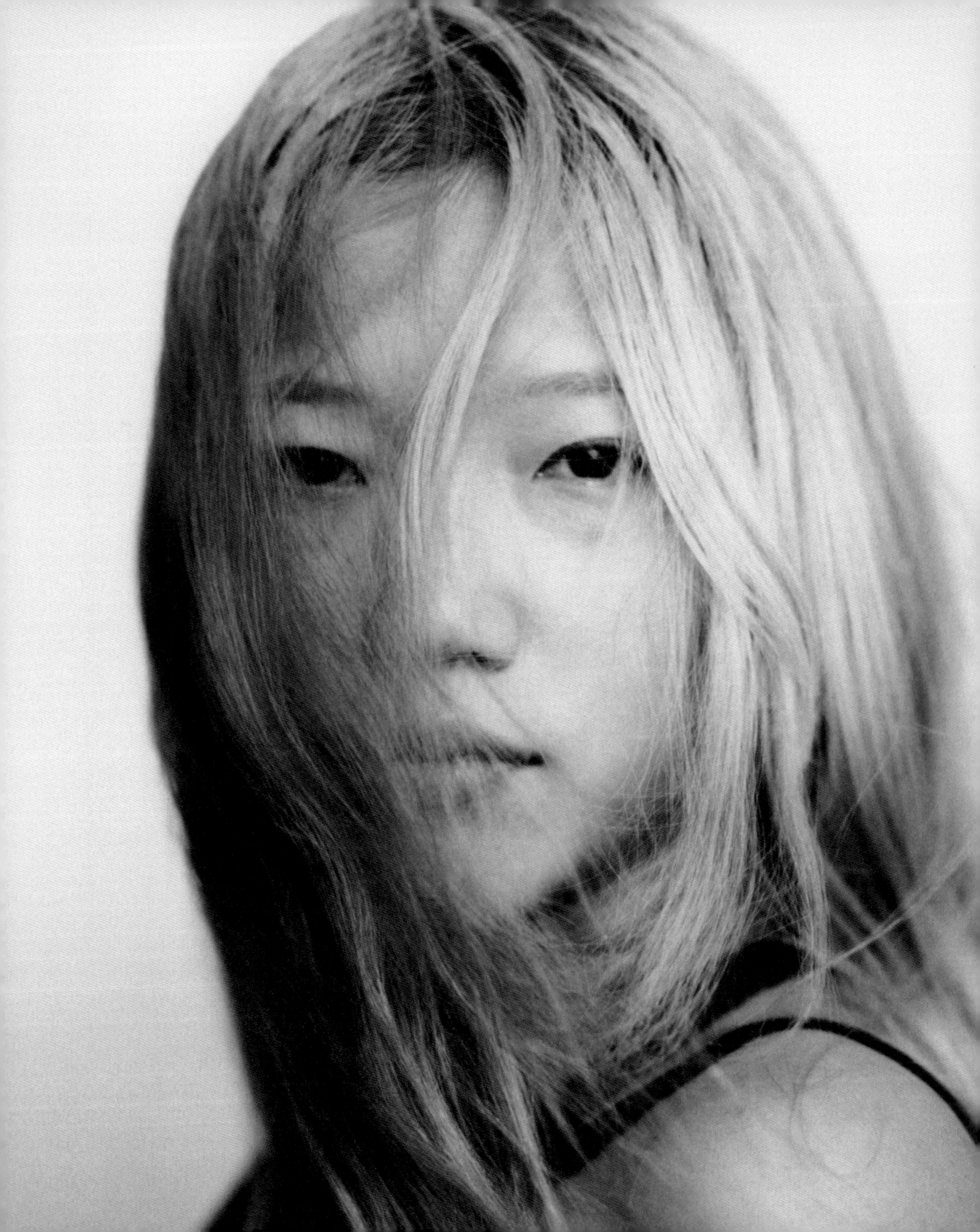

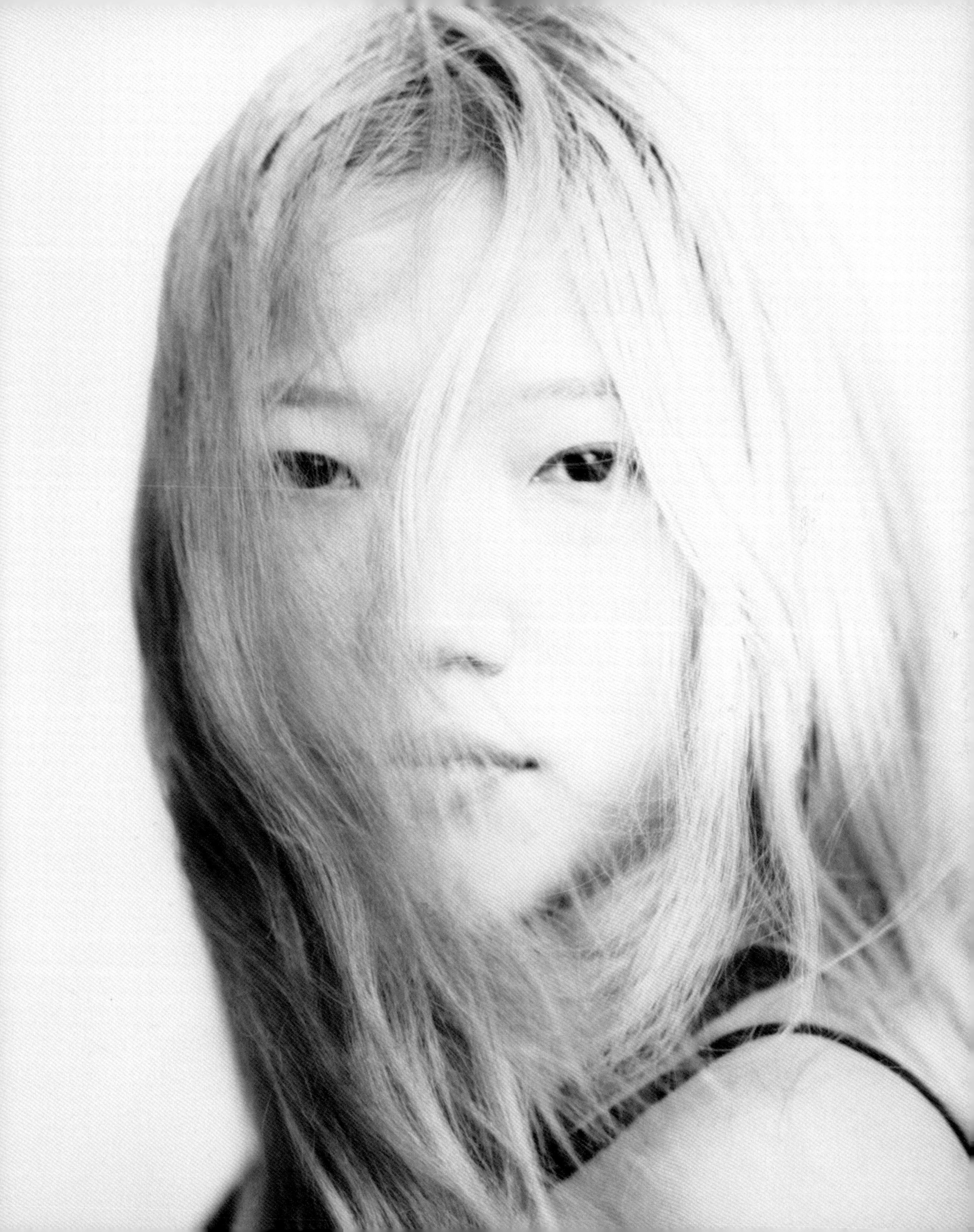

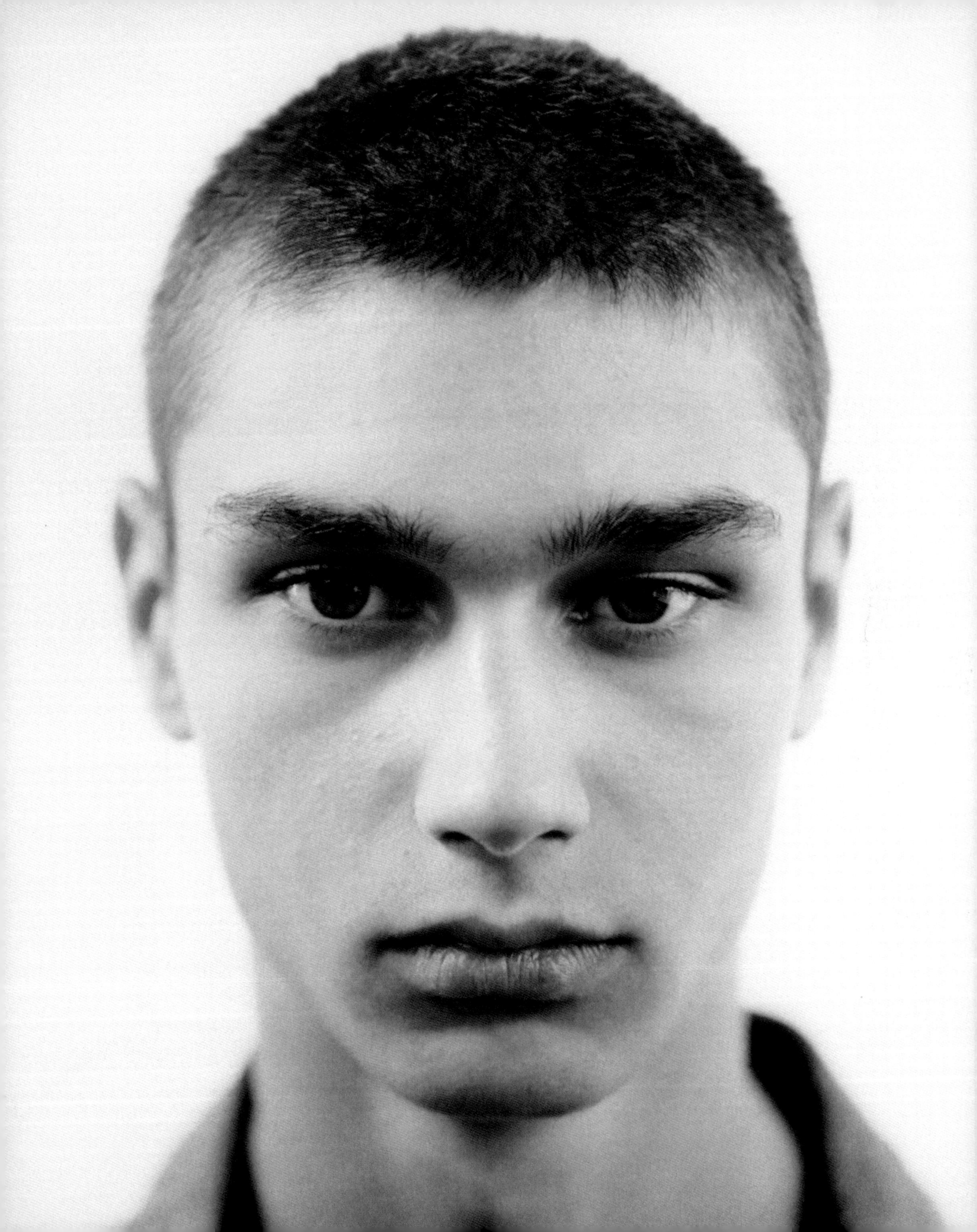

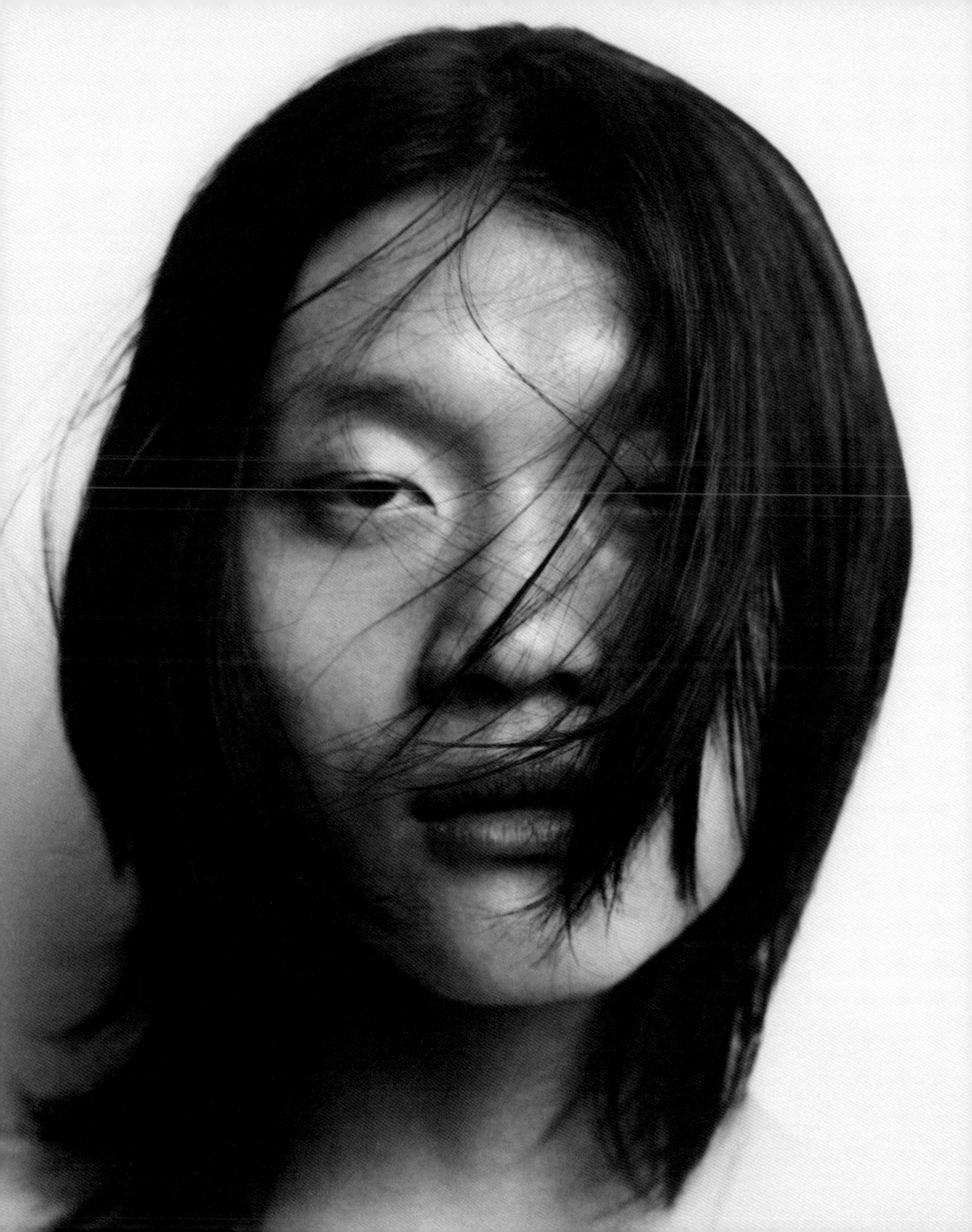

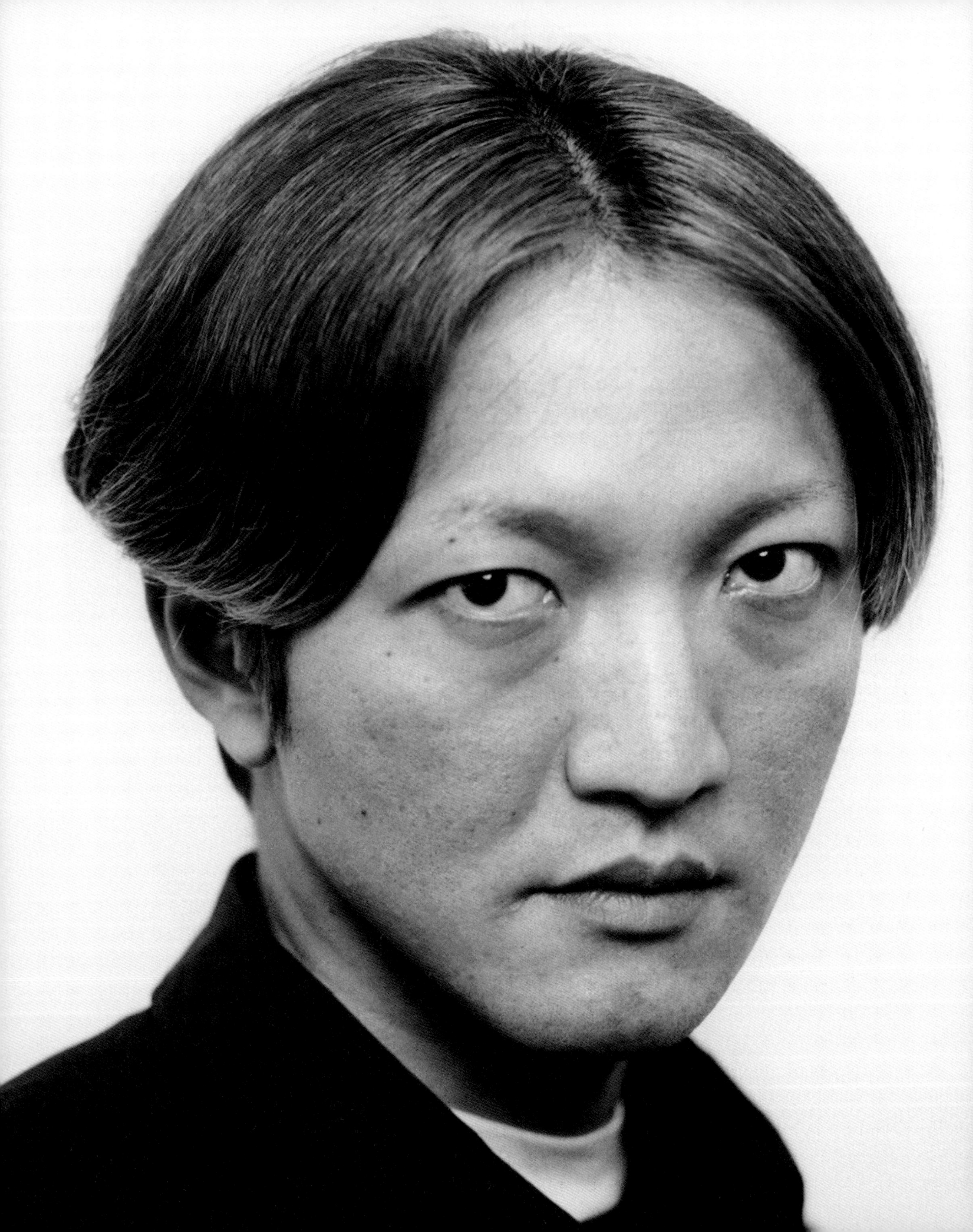

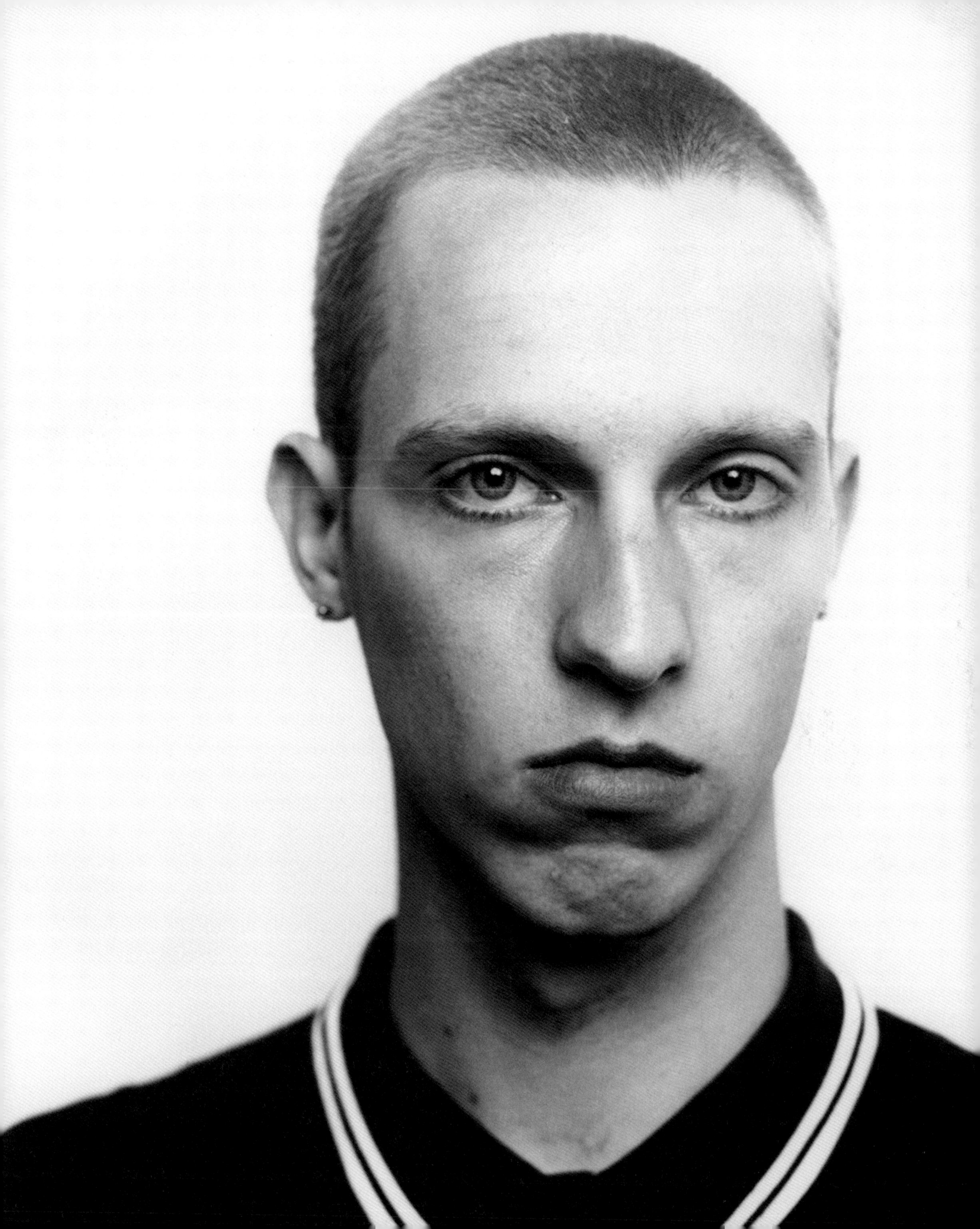

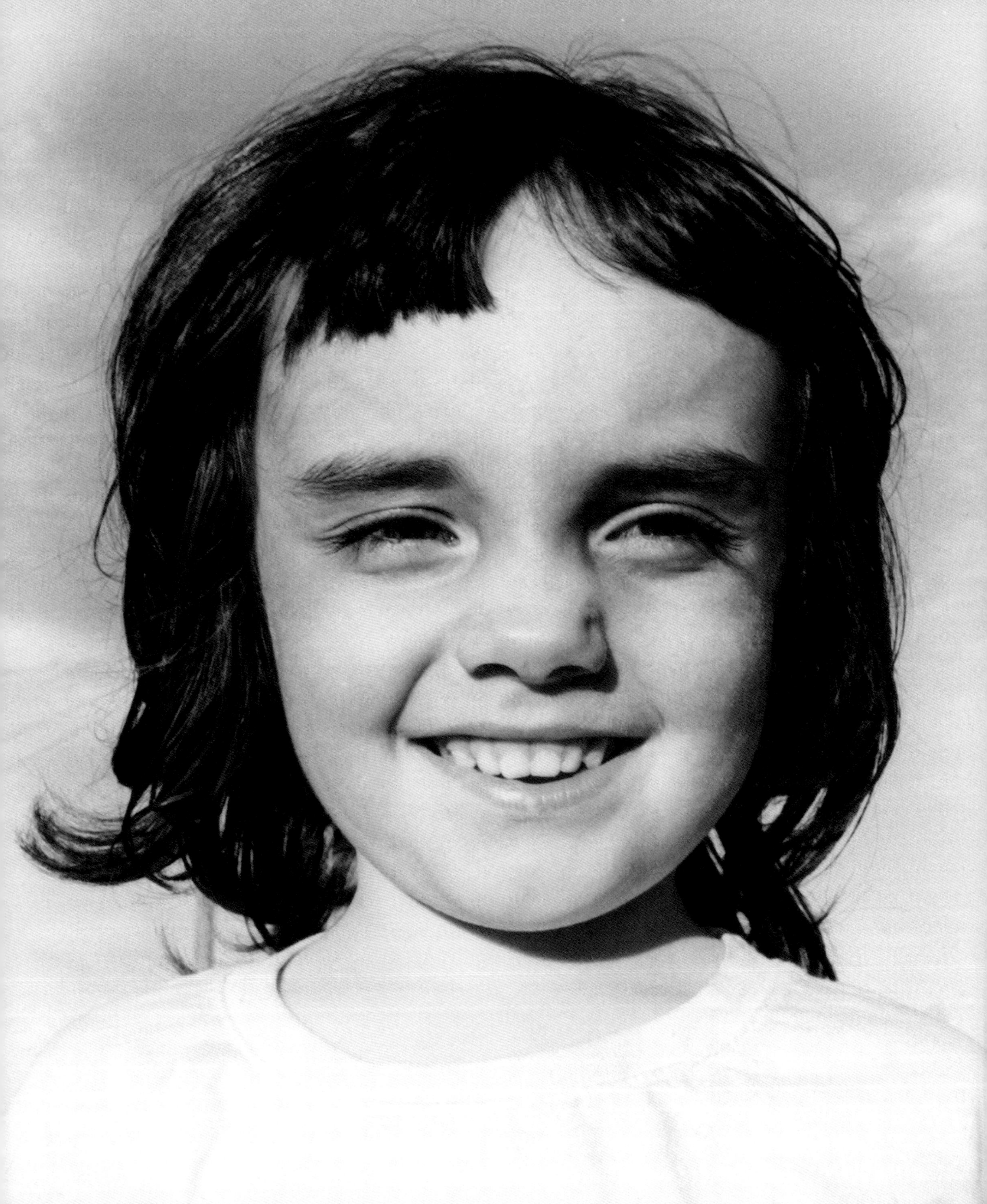

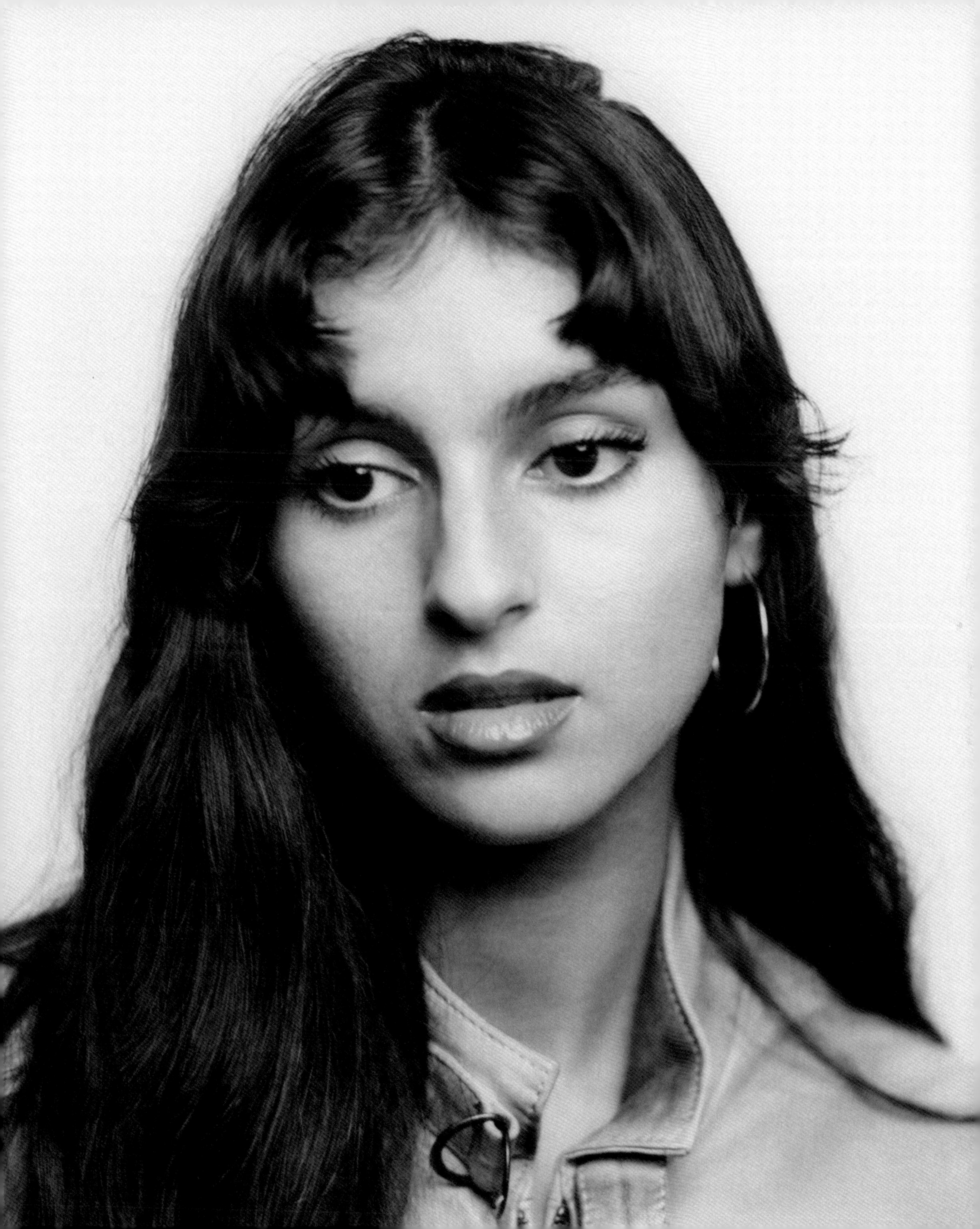

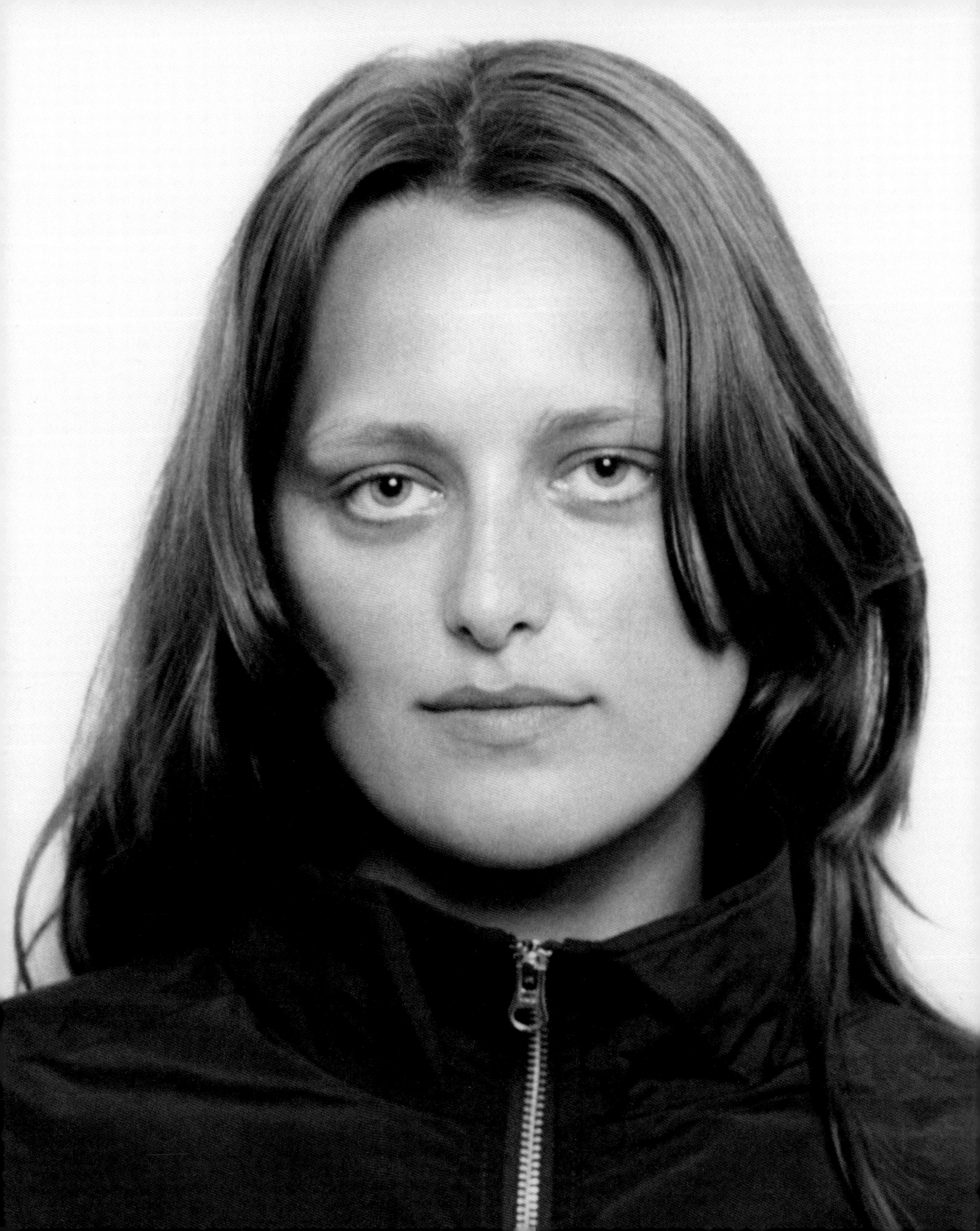